AF349925

EDICT DE RE-
VNION AV DOMAINE

du Roy, des deux Offices de Greffiers & places de Clercs du Bureau
des Finances de la Generalité de
Paris.

feurier 1619

Verifié en la Chambre des Comptes le 22.
Aouſt 1619.

A PARIS,

Chez P. METTAYER, & F. MOREL,
Imprimeurs & Libraires or-
dinaires du Roy.

M. DCXIX.

Auec Priuilege de ſa Majeſté.

LOVIS PAR LA GRACE DE DIEV ROY DE FRANCE ET DE NAVARRE, A tous presens & aduenir, Salut. Le feu Roy Henry le Grand nostre tres-honoré Seigneur & Pere, que Dieu absolue, Ayant consideré que la suppression portée par son Edict du mois de Decembre mil cinq cent quatre vingts dixhuict des corps des Bureaux des Tresoriers Generaux de France composez auec lesdits Tresoriers de Presidens & de charges de Greffiers, retardoit ses plus importans affaires, Il auroit par autres Edicts des mois de Nouembre & Decembre mil six cent huict, restably le corps desdits Bureaux & lesdictes qualitez de Presi-

dens, & differé de comprendre lefdi-
tes charges de Greffiers audiɛt refta-
bliffement, Au moyen du contraɛt
fait auec Maiftre Charles Paulet pour
la reunion d'icelles au Domaine de
noftre Couronne. Lequel Contraɛt
n'ayant peu eftre executé, Nous aurions par noftre Ediɛt du mois de Decembre mil fix cent treize reftably
lefdiɛtes Charges en tiltre d'office,
auec pouuoir à ceux qui en feront
pourueus, d'employer tels Clercs &
commis qu'ils verront bon eftre: La
verification duquel fut retardée iuf-
ques à ce que ledit Paulet & fes affo-
ciez euffent compofé en noftre Confeil du maniement des deniers dudiɛt
contraɛt. Depuis eftans preffez à l'oc-
cafion de la guerre, de plufieurs in-
commoditez, Nous aurions fait pro-
ceder en nos Chambres des Comptes
de Paris, Normandie & Bourgon-

gne à la verification dudict Edict, & pour faciliter la vente defdits offices, accordé à ceux qui en feroient pour-ueus d'eftre difpenfez de la rigueur des quarante iours, & icelle pour leur feureté fait employer dans leurs quit-tances de finances & lettres de proui-fion: Mais ayant confideré que cefte grace eftoit trop aduantageufe auf-dits pourueus, auffi que le tiltre don-né aufdictes Charges les feparoit de la nature des autres Greffes de ce Royau-me, & nous oftoit le moyen, furue-nant vne neceffité en nos affaires, de les pouuoir reuendre, Nous auons iugé neceffaire pour le bien de noftre feruice, de les reunir & incorporer au corps de noftre Domaine, ainfi qu'elles eftoient auparauant ladicte fuppreffion, & les faire poffeder à l'aduenir à tiltre de Domaine à facul-té de rachapt perpetuel par ceux auf-

quels la reuente & adiudication en
sera faicte. A ·C E S C A V S E S &
autres bonnes considerations à ce
nous mouuans, par l'aduis de nostre
Conseil, & de nostre certaine scien-
ce, plaine puissance & auctorité Roy-
ale, Auons par cestuy nostre present
Edict perpetuel & irreuocable, dict
& declaré, disons & declarons, Que
les deux charges de Greffiers en cha-
cun Bureau des Presidens & Tresoriers Generaux de France estans au
ressort des Chambres des Comptes de
Paris, Normandie & Bourgógne, &
les deux places de Clercs ioinctes aus-
dites charges, sont du Domaine de
nostre Couronne, & icelles en tant
que besoin seroit vnies & incorpo-
rees au corps d'iceluy, tout ainsi qu'elles estoient auparauant ledict Edict
de suppression du mois de Decembre quatre vingts dixhuict, & com-

me tous les autres Greffes de ce Royaume, compris en noſtre Edict du mois de Septembre mil ſix cent ſeize, Et que ſuyuant iceluy elles puiſſent eſtre reuendues par les Commiſſaires à ce par nous commis & deputez, les ſolemnitez en tel cas requiſes & accouſtumées, gardées & obſeruées, ſans qu'ores ny à l'aduenir leſdites charges puiſſent eſtre diſtraictes ny ſeparées de noſtredit Domaine, pour quelque cauſe & occaſion que ce ſoit, Quand meſmes le corps deſdits Bureaux ſeroit cy apres ſupprimé, ny reuendus, que par autres Edicts portans reuente generale des Greffes de ce Royaume, deuëment verifiez, que nous ou nos ſucceſſeurs Roys pourront faire cy apres. Pour deſdictes charges de Greffes & places de Clercs d'icelles, iouyr par ceux qui en demeureront adiudicataires audict

tiltre de Domaine, aux mefmes im-
munitez, priuileges, franchifes, li-
bertez, function, exercice, pouuoir
commettre aufdites places de Clercs,
gaiges, taxations, droicts & efmolu-
mens femblables à ceux dont les pourueus iouyffent à prefent, & fans que
autres qu'eux, ou leurs fermiers, ou
commis puiffent eftre employez fous
lefdicts Prefidens & Treforiers Generaux de France és chofes depen-
dans de l'exercice & function defdicts
Offices, & qu'il leur eft attribué par
les Edicts & Ordonnances du Royaume. VOVLANS que les Contracts
qui feront paffez par lefdits Commif-
faires foyent de telle force & vertu,
comme s'ils eftoient paffez en noftre
Confeil: Et que les acquereurs d'iceux
foient mis en poffeffion de leur acqui-
fition, en vertu de leurfdits contracts
& quittances des payemens qu'ils au-

ront

ront faits au Treſorier de noſtre Eſ-
pargne, pour en iouyr par leurs mains
comme de leur vray & loyal acqueſt.
Leſquels contracts nous auons des à
preſent, comme pour lors, validez &
authoriſez , validons & authoriſons
par ces preſentes , ſans que les nou-
ueaux acquereurs puiſſent eſtre depoſſedez deſdites charges de Greffes,
& places de Clercs par reduction de
deniers à rente , ou autrement , en
quelque ſorte & maniere que ce ſoit,
ſinon en les rembourſant comptant
& actuellemét de leurs deniers. Voy-
LONS & ordonnons auſſi , que les pre-
cedens acquereurs ſoyent rembourſez des deniers par eux actuellement
payez en nos coffres & tournez à noſtre proffit , auant qu'eſtre depoſſedez deſdictes charges & places de
Clercs d'icelles. SI DONNONS EN
MANDEMENT à nos amez & feaux

Conseillers les gens de nos Comptes à Paris, Rouen, & Dijon, Presidens & Tresoriers Generaux de France des Generalitez de ce Royaume, ou il appartiendra, que cestuy nostre present Edict ils facent lire, publier & enregistrer, & du contenu en iceluy iouyr & vser plainement & paisiblement les acquereurs desdits Greffes & places de Clercs, sans souffrir ny permettre qu'il y soit contreuenu en aucune sorte & maniere que ce soit, Nonobstant nosdits Edicts de suppression & restablissement audit tiltre d'Office, Declaration & autres Lettres à ce contraires, Ausquelles & aux derogatoires d'icelles, Nous auons desrogé & desrogeons par cesdites presentes, nóobstant toutes oppositions & appellations quelconques, & sans preiudice d'icelles, dont si aucunes interuiennent, Nous auons retenu & reserué la

cognoiſſance à nous & à noſtredict
Conſeil, & icelle interdite à tous Iuges quelconques: CAR tel eſt noſtre
plaiſir. En teſmoing dequoy nous
auons faict mettre noſtre ſeel à ceſdites preſentes. DONNE' à Paris au
mois de Feurier l'an de grace mil ſix
cent dixneuf. Et de noſtre regne le
neufieſme. Signé, LOVIS. Et ſur
le reply, Par le Roy, DELOMENIE.
Et à coſté, VISA. Et ſeellees du grand
ſeel en cire iaune.

*La Chambre a ordonné & ordonne
leſdites lettres en forme d'Edict eſtre re-
giſtree és regiſtres d'icelle, Ouy & ce con-
ſentant le Procureur General du Roy,
Pour auoir lieu & eſtre les Offices de
Greffiers des Bureaux des Treſoriers Generaux de France & Clercs, vnis & in-
corporez au Domaine du Roy, aux char-*

ges contenues en iceluy. Et outre que lefdits Greffiers ne pourront prendre autres
droicts que ceux qui leur font attribuez
par les Eddicts, Ordonnances & Decla-
rations deuement verifiez, à peine de
concuſsion. A la charge auſsi, que ceux
qui font à prefent pourueus defdites Charges n'en pourront eſtre depoſſedez, que
auprealable ils n'ayent eſté rembourſez
de la finance par eux payee és coffres de ſa
Majeſté, laquelle ils feront tenus faire
verifier en la maniere accouſtumée. Et que
les deniers qui prouiendront de la vente
en Domaine defdictes charges, feront vti-
lement employez au bien du feruice de ſa
Majeſté, Mefmes à la reparation des
Ponts au Change & S. Michel, & non
ailleurs, A peine en cas de diuertiſſement
de s'en prendre aux ordonnateurs & par-
ties prenantes : Defquels deniers recepte
fera faicte par chapitre feparé & appart,

*& despence soubs le nom de qui il appar-
tiendra. Faict le vingt-deuxiesme iour
d'Aoust mil six cent dix-neuf.*

Signé,   BOVRLON.